Elisabeth Ippen:
Ganz unverblümt

Elisabeth Ippen, geboren 1951, studierte Pädagogik für Sonderschulen, lebte dreißig Jahre in Bonn, zunächst als Mutter und Hausfrau, schrieb nebenher Jugendbücher und hielt an diversen Bildungseinrichtungen Vorträge über Erziehung. Seit 2011 lebt sie als Autorin im Chiemgau.

Bisher erschienen:
Ganz unverblümt. Aphorismen und Sprüche 2011
Zum Glück in Prien. Ein Neubeginn 2013
Der Weg ist das Ziel. Unterwegs in Süddeutschland 2014
Hanne – eine Rheinländerin im Chiemgau 2015
Ganz unverblümt 2. Aphorismen und Sprüche 2016

elisabeth.ippen@web.de

Elisabeth Ippen

# Ganz unverblümt

Kaum zu glauben,
wie viel Mühe man
sich sparen kann,
wenn man sie sich
gar nicht erst macht.

Wer aus den Fehlern
anderer lernt,
braucht sie nicht mehr
selbst zu machen.

Irren ist menschlich.
Es zu merken ist göttlich.

Leichten Herzens stirbt,
wer nach Herzenslust gelebt.

Der Film meines Lebens
läuft mit Sicherheit
nicht im Kino.

Wer sich langweilt,
ist nicht ganz bei sich.

Gesehen werden will,
wer sich selbst nicht sieht.

Wir sind immer bewusst.
Wir sind uns dessen
nur nicht immer bewusst.

Es bringt überhaupt nichts,
den Ärger über andere
hinunterzuschlucken
um der Harmonie willen.
Die ist sowieso schon dahin.

Wer nicht an sich selbst denkt,
muss sich nicht wundern,
wenn die anderen
auch nicht an ihn denken.

Lieber das Herz
auf der Zunge tragen,
als sich die Zunge
abzubeißen,
damit das Herz
nicht sprechen kann.

Das beste Vollwertessen kann,
ohne Liebe zubereitet,
ganz schön schwer
im Magen liegen.

Jeder Mensch ist
etwas ganz Besonderes.
Leider merken
die meisten das nicht.

Lebenskunst besteht
nicht darin,
alles zu schaffen,
sondern es zu schaffen,
nur das Nötigste zu tun.

Eins haben meine Freunde
und Feinde immer gemeinsam.
Sie sind mir in vielem
so unheimlich ähnlich.

Wer nicht möchte,
dass sein Partner sich
wie ein Kind verhält,
muss aufhören,
sich wie seine Mutter
zu verhalten.

Die Zähne zusammenzubeißen
löst keine Probleme.
Es schafft nur neue.

Wir bekommen
selten genau das,
was wir haben wollen.
Gewöhnlich haben es
schon die anderen.

Wenn wir nicht erwarten,
dass unsere Kinder
unsere Erwartungen erfüllen,
dann erwarten uns
die schönsten Überraschungen.

Männer reden
am liebsten
über sich.
Frauen auch.

Man kann eine Menge
auf dem Buckel
mit sich herumschleppen.
Aber man muss nicht.

Nimm dir ruhig eine Weile
das größte Stück Kuchen,
dann kannst du es bald
gut einem anderen lassen.

Jeder geht mal in die Knie.
Den Sinn und Nutzen
des Kniefalls zu erkennen,
hilft schnell wieder
auf die Füße.

Hör doch einfach auf,
perfekt sein zu wollen.
Du bist es.

Des Lebens Würze
liegt auch
in seiner Kürze.

Wer bei sich bleibt,
gerät nicht
aus dem Häuschen.

Behandle andere so,
wie du von ihnen
behandelt werden möchtest.

Mach deine Fehler
und steh zu ihnen.
Mit Anstand und Würde.

Gott liebt uns so,
wie wir sind.
Nur wir haben ständig
etwas auszusetzen an uns.

Jeder ist einzigartig.
Vergleiche erübrigen sich also.

Keiner
entkommt
sich selbst.

Nur Mut!
Find dich ruhig
selber gut!

Lieber zu Fuß gehen,
als immer wieder
vom hohen Ross
herunterzufallen

Anderen den Rücken stärken
kann nur,
wer Rückgrat besitzt.

Wohl dem, der seine
eigene Sonnenbank
im Garten hat,
deren Anblick
auch an trüben Tagen
das Gemüt erwärmt.
Ganz kostenlos.

Wer sich liebevoll
um sich selbst kümmert,
fühlt sich bald
nicht mehr allein.

Die Vielfalt leben.
In aller Einfalt.

Gönn dir
den Spaß am Leben.
Von ganzem Herzen.

Sagen wir unseren Mitmenschen
doch schon zu Lebzeiten,
was wir an ihnen
achten und schätzen.

Solange ich zu mir stehe,
gibt es nichts,
was mich stürzen könnte.

Die Beziehung zum Nächsten
ist gewöhnlich so gut
wie die zu mir selbst.

Denkst du, du wüsstest,
wie die Welt aussieht?
Schau noch einmal hin,
dies Mal, ohne dir
etwas zu denken dabei.

Was mir „draußen" auffällt,
ist genau das,
was „drinnen"
gesehen werden möchte.

Jeder Mensch ist ein Geschenk,
ein Geschenk Gottes
an sich selbst.

Wir sind nicht auf der Welt,
um ihr zu entfliehen.

Man muss nicht
über seinen Schatten springen,
man kann auch einfach
zu ihm stehen.

Er versteht sie einfach nicht.
Das kann sie
einfach nicht verstehen.

Geh mit deinen Gefühlen mit,
dann wirst du nicht
von ihnen fortgerissen.

Wenn die Seele Alarm läutet,
klingen so manch einem
die Ohren.

Es gibt nur einen Menschen,
der mich ganz und gar
so nehmen kann,
wie ich bin.
Das bin ich selbst.

Sich auf etwas zu versteifen,
bringt das Gewünschte
nicht unbedingt
schneller herbei.
Im Gegenteil.

Ohne Dankbarkeit
Angenommenes
beschwert die Seele.

Wie kann sich
unser Leben ändern,
wenn wir immer
so weitermachen
wie gewohnt.

Liebe lässt sich nicht
herbeizwingen,
doch wenn wir sie uns
von Herzen wünschen,
dann kommt sie gern.

Nur Verliebte tanzen
singend durch den Regen?
Stimmt.
Denen, die das Leben lieben,
kann auch Regen nicht
die Freude dran trüben.

Wer weiß,
dass er Recht hat,
muss nicht darum kämpfen,
Recht zu bekommen.

Es gibt keine Rückschritte.
Es gibt nur Lernschritte.
Es gibt keine Umwege.
Es gibt nur Wege.

Niemand ist
des anderen Schicksal.
Jeder ist sein eigenes.

Wer sich wirklich
wichtig nimmt,
kann aufhören,
sich wichtig zu machen.

Besser die Flöhe husten hören,
als von ihnen
gebissen zu werden.

Es gibt nur eine einzige
Möglichkeit für dich,
die Welt zu verbessern.
Geh in dich.

Du möchtest gesehen werden?
Schau dich an.
Du möchtest gehört werden?
Hör dir zu.
Du möchtest geliebt werden?
Liebe dich.

„Kneifen" ist feige?
Wenn ich das so sehe.

Es gibt keine
besseren Zeiten.
Immer ist jetzt
die beste Zeit.

Wer aufhört, vom Leben
etwas Bestimmtes zu erwarten,
wird reich beschenkt.

Wer nichts besitzt,
der kann auch
nichts verlieren.

Entscheidend ist nicht,
was die anderen
über mich denken.
Entscheidend ist,
was ich denke,
dass sie denken
über mich.

Es gibt bedeutend
angenehmere Arten
der Erholung
als krank zu werden.

Geh liebevoll mit dir um.
Du bist es wert.

Die größte Macht hat,
wer sie für sich behält
und niemand anderen
damit unter Druck setzt.

Einfühlsamkeit kann
gefördert werden.
Durch Mitgefühl
mit sich selbst.

Dienen ist gut.
Bedienen auf Dauer nicht.
Es macht einen
krummen Buckel,
einen gereizten Magen,
und schlechte Stimmung
auch noch dazu.

Viel Energie spart,
wer selbst aufmerksam
achtet auf sich,
statt ständig andere
aufmerksam zu machen
auf sich.

Wer seiner eigenen
ungeschminkten Wahrheit
ins Angesicht sieht,
braucht nichts mehr
zu vertuschen.

Alle Ereignisse haben
genau die Bedeutung,
die wir ihnen geben.

Nehmen wir uns
unserer Schwächen
rechtzeitig an,
sonst tun es
unsere Mitmenschen.
Das kann unangenehm werden.
Für beide Seiten.

Wer mit der Liebe
Handel treibt,
ist arm dran.
Wer sie freigiebig
verschenkt,
wird immer reicher.

Die Unarten der Kinder
haben viel zu tun
mit den Eigenarten der Eltern.

Das große Erwachen.

Vor dem Gipfelerlebnis
Wäsche waschen,
nach dem Gipfelerlebnis
Wäsche waschen.
Die Welt bleibt nicht stehen,
nur weil einer glaubt,
ihm sei Besonderes geschehen.

Sich morgens
beim Aufwachen schon
alles Gute zu wünschen,
belohnt einen
den ganzen Tag.

Wer sich für andere aufopfert,
damit sie es leichter haben,
macht sich und ihnen
das Leben schwer.

Wenn alles längst über
unsere Kräfte geht,
wir aber tapfer weitermachen,
wem wollen wir dann
etwas beweisen?
Und was, um Himmels willen?

Es macht einen
großen Unterschied,
ob ich Wünsche habe
oder ob die Wünsche
mich haben.

Wer ständig bestrebt ist,
weiterzukommen,
hat es manchmal schwer,
bei sich zu bleiben.

Es ist in Ordnung,
bei Herzschmerz
in den Kopf zu flüchten,
doch es gibt keinen Grund,
dort ein Leben lang zu bleiben.

Im Inneren sicher gebunden,
lässt sich alles Äußere
viel lockerer nehmen.

Unsere Fehler sind
unsere größten Chancen,
uns selbst so anzunehmen,
wie wir sind.

Warum nur geben sich manche
ein Leben lang viel Mühe,
zu allen immer lieb zu sein?
Liebe kann es nicht sein.
Liebe macht keine Mühe.

Die wirksamste Erziehung
besteht darin,
vorzugsweise auf
die eigenen Fehler
zu schauen,
statt auf die der Kinder

Es ist auf Dauer
ziemlich anstrengend,
immer etwas Besonderes
sein zu wollen.
Leichter ist es,
einfach so besonders zu sein,
wie man ist.

Wer fürs Leben dankbar ist,
dem wird es zum Geschenk.

Wer sich selbst
keine Freude macht,
der macht auch
anderen keine.

Wer sich morgens
und abends
im Spiegel anlächelt,
hat mindestens
zweimal am Tag
etwas Erfreuliches
erlebt.

Wer ständig schimpft
über anderer Leute Fehler,
dem fehlt es ganz gehörig
an Toleranz für sich selbst.

Es geht nicht darum,
wo wir sind,
sondern darum,
dass wir da sind,
wo wir sind.

Das Leben leichter nehmen,
ohne es auf die
leichte Schulter zu nehmen,
das ist wie Schweben,
ohne deshalb
gleich abzuheben.

Wer ganz mutig ist,
geht Unangenehmem
so lange aus dem Weg,
bis er sich ihm
gewachsen fühlt.

Gut über sich selbst zu denken,
statt sich ständig zu kritisieren,
ist ein wesentlicher Beitrag
zum Frieden in der Welt.

Was ich annehme,
lässt mich los.
Aber nicht unbedingt
sofort.

Viele reden viel
über Politik,
ohne zu erkennen,
dass ihr tägliches Tun
nichts anderes ist
als Politik.

Bei sich bleiben.
Zu sich stehen.
In guten und
in schlechten Zeiten.

Dem Narren ist
vieles gleichgültig.
Dem Weisen ist
alles gleich gültig.

Es gibt keine falschen Lehrer,
es gibt nur Schüler,
die nicht mitbekommen,
worin die Lektion gerade
besteht.

Du kannst das Leben
als sinnlosen Zufall ablehnen.
Du kannst es auch dankbar
als Geschenk annehmen.

Sein Bestes tun
und Gott
den Rest überlassen.

Bibliografische Information der
Deutschen Nationalbibliothek:
Die Deutsche Nationalbibliothek
verzeichnet diese Publikation in der
Deutschen Nationalbiografie; detaillierte
bibliografische Daten sind im Internet
über http://dnb.d-nb.de abrufbar.

Covergestaltung: Gudrun Kohout

© 2016 Elisabeth Ippen
Herstellung und Verlag:
BoD - Books on Demand, Norderstedt
ISBN 9783741296420